CArlos lberto

A Tortura

Livro Um

Organização e Desenvolvimento
Editora Itinerante

Diagramação e Revisão
Aleria Grellet

@2022

Dados Internacionais de Catalogação na Publicação (CIP)
(Câmara Brasileira do Livro, SP, Brasil)

Gomes, Alberto da Silva
  A tortura [livro eletrônico] / Carlos Alberto da
Silva Gomes. – São Paulo: Ed. do Autor, 2022.
  PDF

  ISB 978-65-00-39251-4

  1. Esperança 2. Escritos de prisioneiros
brasileiros 3. Fé 4. Liberdade 5. Misericórdia
6. Tortura – Narrativas pessoais I. Título.

22-100706   CDD-365.6092

Índices para catálogo sistemático:
1. Prisioneiros: Relatos biográficos 365,6092

Sumário

O Monumento *Tortura Nunca Mais* foi inaugurado em 1993 na cidade do Recife em Pernambuco como resultado de um concurso público, onde o artista plástico e arquiteto piauiense, Demetrio Albuquerque, criou a sua primeira obra.

Ele homenageia os mortos e desaparecidos políticos do nosso país no período da Ditadura Militar.

Fonte: https://pt.wikipedia.org/wiki/Monumento_Tortura_Nunca_Mais

Dedicatória

Mãe!

Dedico este livro à senhora, que durante o tempo de meu cativeiro, também se fez prisioneira de Cristo Jesus, primeiro por necessidade, depois por amor, aonde não apenas aprendeu como servi-Lo, mas a usar a sua fé e crer em Sua Palavra.

Foi você quem perdoou primeiro os maus e injustos, e eu segui o seu exemplo. Sem esse perdão, sem sua perseverança nos propósitos e desafios, sei que o final desta história teria sido muito diferente.

Benção, Mãe!

O 5º Mandamento

*"Honra teu pai e tua mãe,
a fim de que tenhas vida longa
na terra que o Senhor teu Deus te dá."*

Êxodo 20:12

Filhos presos, mães cativas!

A sociedade julga e condena as mães dos detentos como se fossem culpadas por suas atitudes. São vistas como cúmplices e tratadas como bandidas.

São elas que sustentam a vida dos filhos dentro das prisões, e por causa de seu amor natural e incondicional, são vilipendiadas[1] pelos agentes penitenciários em dias de visitas, sofrendo humilhações nas revistas e vistorias.

O preconceito é muito grande inclusive dentro da própria família. É comum parentes maltratarem essas mães com palavras pejorativas e afrontá-las em sua dignidade e direito de defender sua prole.

A própria mãe de Jesus foi difamada quando se encontrava grávida do Espírito Santo.

Olhe para o seu coração e responda:

Você já cuspiu, maltratou ou falou ofensas para a mãe de um detento?

*"Assim como uma mãe
consola seu filho,
também eu os consolarei;
em Jerusalém
vocês serão consolados."*

Isaías 66:13

Agradecimentos

Ao saudoso pastor Paulo Lemos e aos irmãos da Igreja, obrigado pelos clamores em prol da justiça a meu favor. Paulinho, agora que você está ao lado da Justiça em pessoa, a sua luz mais que nunca continuará brilhando;

Ao saudoso Dr. Ricardo Renê Ribeiro, que me defendeu sem nada a receber. Ricardo, agora o seu pagamento é a sua salvação na eternidade. Obrigado por tudo;

À amiga Érica, agradeço à sua coragem de testemunhar a meu favor quando eu era inocente e muitos fugiam de mim;

À Dra. Macena, obrigado por sua pronta atitude contra a arbitragem imposta à minha família;

À mana Sandra e ao mano Diogo, obrigado por toda a ajuda e provimento durante meu exílio;

À mana Sônia e ao meu cunhado Beto, obrigado pelas visitas e força que me deram;

À tia Izaíra e família, obrigado por estarem sempre ao meu lado;

Aos advogados Dr. Ulisses, Dr. Roberto Ribeiro, Dr. Alexandre e a todos os jurados que discerniram a verdade, minha eterna gratidão.

Aos pastores Joel e Alessandro, obrigado pelas orações de intercessão, jejuns e desafios pela minha causa. Vocês me ensinaram que sem sacrifício não há vitória.

À Conceição e a meus filhos que sofreram grandes ultrajes e torturas emocionais, vocês sempre foram minha esperança e motivação.

À todos os familiares, amigos e conhecidos aqui não citados, meu muito obrigado.

"Pois eu tive fome, e vocês me deram de comer;
tive sede, e vocês me deram de beber;
fui estrangeiro, e vocês me acolheram;
necessitei de roupas, e vocês me vestiram;
estive enfermo, e vocês cuidaram de mim;
estive preso, e vocês me visitaram."

Mateus 25:35,36

São Paulo 22.03.99

Olá mãe

Obrigado pela força que tem dado a Conceição e também para mim,

Mãe espero que essa semana seja de vitória

Quanto ao papel da Santa casa, deve ter
nos altos pergunta para o Ulisses.

Obrigado de você estar vindo nas visitas,
sei que é ruim lá fora na fila e cansati-
vo, mais com essa força que você vem dan-
do ai fora para a Conceição é muito gratifi-
cante.

Estou mais calmo pois tem horas que
fico louco, depois dessa visita de domingo
estou um pouco melhor,

mais continuo pedindo vou ficar lá em
casa você tem que descansar, e lá em casa
você descansa mais.

Conça espero que tudo de certo para nós
que ai não vai mais dar trabalho para
você. palavra de escoteiro.

Beijos do filho Carlos.

Mando beijos para a Sônia Boby Felipe.
e um abraço no Beto.

Epígrafe

"Os animais selvagens nunca matam por divertimento. O homem é a única criatura para quem a tortura e a morte dos seus semelhantes são divertidas por si."

James Froude

A tortura é o meio mais seguro de absolver os criminosos robustos e condenar os fracos inocentes.

Cesare Beccaria

Deveríamos ser capazes de recusar-nos a viver se o preço da vida é a tortura de seres sensíveis.

Mahatma Gandhi

Apresentação

Este *eBook* é uma reedição pessoal do que foi originalmente relatado no livro "Letras de Liberdade" de Vários Autores da W.B. Editora, uma obra coletiva publicada em 2000 que reúne 15 relatos de detentos do antigo e maior complexo penitenciário do país, conhecido por Carandiru.

Após 21 anos, relembro meu relato e teço considerações sobre essas duas décadas que ficaram para trás e das marcas em mim.

Assim como Paulo, hoje voluntariamente me encontro prisioneiro do Evangelho para levar meu testemunho junto à Palavra de Deus.

Hoje sei que nada acontece sem a permissão Dele, que tem propósitos que não podemos imaginar.

Minha missão é a de servir de inspiração a homens e mulheres em situações semelhantes para que possam conhecer a fé e a esperança na verdadeira justiça, que é Cristo Jesus, nosso Senhor e Salvador.

"E sabemos que todas as coisas contribuem juntamente para o bem daqueles que amam a Deus, daqueles que são chamados segundo o seu propósito."

Romanos 8:28

CARANDIRU SEM FILTRO *Livro de presidiários do megacomplexo carcerário traz relatos crus da prisão e da criminalidade*

Detentos traçam radiografia do inferno

Detentos do complexo penitenciário do Carandiru que tiveram textos selecionados, entre 345 concorrentes, para o livro "Letras de Liberdade", que será lançado oficialmente hoje

Lançamento oficial do livro "Letras de Liberdade"
de Vários Autores da W.B. Editora.
Distribuição interna na Casa de Detenção.

29/11/2000

"Este é um livro inédito, escrito por presos, resultado de um concurso que selecionou 15 de mais de 300 textos. Conta com 15 comentários sobre cada história feitos por artistas, juristas, escritores e jornalistas; escritos instigantes, fortes e verdadeiros, reflexos da origem da criminalidade no país, dos sistema penitenciário e das leis brasileiras."

Fonte: https://www.amazon.com.br/Letras-Liberdade-Carandiru-V%C3%A1rios-Autores/dp/8573743867

Prefácio

Durante o tempo em que este livro foi sendo criado, ficamos na expectativa de quem seria o responsável no lugar de honra de escrever o prefácio. Pensamos em muitas opções, algumas foram descartadas porque simplesmente perdemos o contato com as pessoas, e outras porque não acreditamos que elas estivessem ligadas diretamente à obra e ao acontecido, e que simplesmente poderiam não compreender a importância de resumir esta história tão marcante, tão pessoal e tão dolorosa para o autor.

Pensamos mesmo em remover esta parte tão importante de um livro, mas recusamo-nos a entregar menos quando nos esforçamos para dar mais.

Então resolvemos escrever nós mesmos em benefício do livro, do tema tão controverso e do autor.

Nosso desejo com esta publicação não é confrontar nenhuma parte envolvida no ocorrido, nem levantar a história do passado e expor familiares. Mas Deus sabe que nosso amigo Carlos Alberto precisa livrar-se dos fantasmas que ainda rondam sua vida e de cicatrizar permanentemente algumas feridas que teimam em se manter abertas. Jesus não veio para acusar, mas para livrar do pecado. Ele veio para cumprir a Lei, e morreu para ser nosso advogado diante do Pai.

Procuramos ser cuidadosos e abreviamos os nomes aqui relatados. Não é nossa intenção constranger pessoas relacionadas direta ou indiretamente ao evento.

O que pretendemos na verdade, é mostrar que mesmo num país que se desenvolveu tão grandemente como o Brasil, ainda ocorrem injustiças erros e enganos difíceis de redimir.

Queremos que nossa Pátria como um todo, cidadãos e servidores, nosso Poder Legislativo, Executivo e Judiciário, mantenham-se sempre nas pontas dos pés para não cometerem os enganos aqui relatados.

E isso só acontecerá com o envolvimento de todas as partes, os que sofreram, sofrem e sofrerão. Porque um país é constituído de pessoas, cidadãos, ou seja, seres humanos, que estão sujeitos ao erro. Mas precisamos nos comprometer a tornar esses erros cada vez menores até que possam ser tão evitados que raramente aconteçam.

Esperamos que nosso amigo Carlos Alberto possa, de alguma forma, ser recompensado através deste livro e dos que ainda estão por vir. Desejamos que muitas vozes que se encontram silenciadas pelo medo sintam coragem e tenham a oportunidade de se expressar.

E confiamos que nossas leis, servidores e cidadãos crescerão e aprenderão com os erros do passado, para que toda a justiça esteja sempre presente em tão grande país, e que este verdadeiramente seja a "mãe gentil, Pátria amada, Brasil!"

A Editora

Introdução

Tortura

Do Latim *tortura*. Ato de torcer; tormento, angústia, agonia, aflição, suplício e martírio.

Sofrimento físico e psicológico, de forma sistemática.

É a imposição de dor física ou psicológica por crueldade, intimidação, punição, para obtenção de uma confissão, informação ou simplesmente por prazer da pessoa que tortura. Também tem, como uma definição mais abrangente, "o dano físico e mental deliberado causado pelos governos contra os indivíduos para destruir a personalidade individual e aterrorizar a sociedade", segundo o Departamento de Saúde e Serviços Humanos dos Estados Unidos.

Direitos Humanos

A tortura foi proibida pela Terceira Convenção de Genebra (1929) e por convenção das Nações Unidas adotada pela Assembléia Geral em 10 de dezembro de 1984 através da resolução n.º 39/46. A tortura constitui uma grave violação dos Direitos Humanos, não obstante ainda ser praticada no mundo, frequentemente coberta por uma definição imprecisa do conceito nas legislações locais.

Convenção das Nações Unidas

A Convenção das Nações Unidas contra a Tortura e Outros Tratamentos ou Penas Cruéis, Desumanos ou Degradantes (Resolução 39/46 da Assembléia Geral das Nações Unidas) foi estabelecida em 10 de dezembro de 1984.

A Convenção foi ratificada pelo Brasil em 28 de setembro de 1989.

Fonte: https://pt.wikipedia.org/w/index.php?title=Tortura&oldid=61717979

A Organização das Nações Unidas (ONU) instituiu o dia 26 de Junho como o Dia Internacional de Apoio às Vítimas de Tortura. Em 1987, nesse mesmo dia, foi assinada a Convenção Contra a Tortura e Outros Tratamentos ou Penas Cruéis, Desumanos ou Degradantes por vários países, entre os quais o Brasil faz parte.

Nessa data, em todo o mundo, são realizadas ações para alertar a sociedade sobre os efeitos da tortura, e deixar públicos os mecanismos de suporte às vítimas para preservar a memória da luta por justiça e reparação.

A Convenção deu à tortura *status* de crime internacional, que fere a dignidade humana e não pode ser justificado sob nenhuma circunstância, nem mesmo em tempos de guerra.

Segundo a ONU, "as pessoas que passaram pelo calvário da tortura têm direito a compensação justa e adequada", o que inclui reabilitação.

Define os crimes de tortura e dá outras providências.

O PRESIDENTE DA REPÚBLICA Faço saber que o Congresso Nacional decreta e eu sanciono a seguinte Lei: Art. 1º Constitui crime de tortura:

I - constranger alguém com emprego de violência ou grave ameaça, causando-lhe sofrimento físico ou mental:

a)com o fim de obter informação, declaração ou confissão da vítima ou de terceira pessoa;

b)para provocar ação ou omissão de natureza criminosa;

c)em razão de discriminação racial ou religiosa;

II - submeter alguém, sob sua guarda, poder ou autoridade, com emprego de violência ou grave ameaça, a intenso sofrimento físico ou mental, como forma de aplicar castigo pessoal ou medida de caráter preventivo.

Pena - reclusão, de dois a oito anos.

§ 1º Na mesma pena incorre quem submete pessoa presa ou sujeita a medida de segurança a sofrimento físico ou mental, por intermédio da prática de ato não previsto em lei ou não resultante de medida legal.

§ 2º Aquele que se omite em face dessas condutas, quando tinha o dever de evitá-las ou apurá-las, incorre na pena de detenção de um a quatro anos.

§ 3º Se resulta lesão corporal de natureza grave ou gravíssima, a pena é de reclusão de quatro a dez anos; se resulta morte, a reclusão é de oito a dezesseis anos.

§ 4º Aumenta-se a pena de um sexto até um terço:

I.- se o crime é cometido por agente público;

II – se o crime é cometido contra criança, gestante, portador de deficiência, adolescente ou maior de 60 (sessenta) anos (Redação dada pela Lei nº 10.741, de 2003)

III - se o crime é cometido mediante seqüestro.

§ 5º A condenação acarretará a perda do cargo, função ou emprego público e a interdição para seu exercício pelo dobro do prazo da pena aplicada.

§ 6º O crime de tortura é inafiançável e insuscetível de graça ou anistia.

§ 7º O condenado por crime previsto nesta Lei, salvo a hipótese do § 2º, iniciará o cumprimento da pena em regime fechado.

Art. 2º O disposto nesta Lei aplica-se ainda quando o crime não tenha sido cometido em território nacional, sendo a vítima brasileira ou encontrando-se o agente em local sob jurisdição brasileira.

Art. 3º Esta Lei entra em vigor na data de sua publicação.

Art. 4º Revoga-se o art. 233 da Lei nº 8.069, de 13 de julho de 1990 - Estatuto da Criança e do Adolescente. Brasília, 7 de abril de 1997; 176º da Independência e 109º da República.

FERNANDO HENRIQUE CARDOSO

Nelson A. Jobim   Fonte: http://www.planalto.gov.br/ccivil_03/leis/l9455.htm

Biografia do Autor

Carlos Alberto da Silva Gomes nasceu em uma família tipicamente brasileira no ano de 1959, na cidade de São Gonçalo, no Rio de Janeiro. Foi o terceiro de quatro filhos, duas irmãs naturais e um irmão mais novo adotivo.

Seu pai era funcionário da VASP e exercia a função de técnico de comandos de vôos, e sua mãe era costureira e cuidava do lar e da família.

Seu nascimento foi bastante peculiar. Seu pai Walter gostava muito de festejar o Carnaval, e mesmo estando no final da gravidez, sua mãe acompanhava o marido às festas e ensaios. Numa dessas festas, sentiu que a hora do parto se aproximava e desejou voltar para casa.

Seu pai queria levá-la ao hospital, mas como havia tido uma série de sequestros de recém-nascidos na maternidade local, sua mãe recusou-se a ir.

Enquanto seu pai saía à procura de enfermeiras que pudessem atendê-la em casa, as contrações se iniciaram, e sua mãe providenciou como pôde seu próprio conforto para dar à luz sozinha.

Quando seu pai chegou, encontrou-a abraçada ao bebê. Mãe e filho estavam bem, e essa preciosa ligação jamais se quebrou. Carlos já demonstrava o grande guerreiro que se tornaria desde o nascimento.

Quando tinha 11 anos, sua família mudou-se para São Paulo para residir no bairro do Jardim Aeroporto, onde estudou em colégios estaduais. Mas após alguns anos, mudaram-se novamente, desta vez para a cidade de Diadema, na Grande São Paulo, onde concluiu o ensino médio do 2º grau e fixou sua moradia definitiva.

Em 1977, com 18 anos, ingressou no Exército fazendo parte do 2º Batalhão de Guardas por um período de treze meses e vinte e seis dias.

Nesse período, tornou-se homem de confiança de um coronel, que se impressionou com sua atitude empreendedora e ativa, com sua postura fiel e honesta, chegando ao ponto de insistir grandemente para que não saísse do quartel, mas permanecesse no serviço para fazer carreira.

Mas Carlos já tinha seus planos de ser empresário, e assim que deu baixa, tornou-se comerciante autônomo, montando pequenos negócios que o levariam mais e mais perto de seu sonho de ser seu próprio chefe.

Em 1979 conheceu Conceição, mulher muito bonita, esmerada e babalhadora, que cuidava sozinha de uma filha pequena, Paula.

Foi muito fácil para Carlos afeiçoar-se à criança, e daí foi um passo para se apaixonar pela mãe.

Em alguns anos nascia Carlos, o "Júnior" e a alegria da família se tornou perfeita.

Por praticamente vinte anos viveram intensamente, trabalhando juntos e investindo no futuro dos filhos e descendentes.

Isso, até a noite de 28 de julho de 1998, quando, por uma reviravolta do destino, Carlos foi parar na Casa de Detenção de São Paulo, situada no bairro Carandiru, acusado por assassinar um Delegado da Polícia Federal.

Parte Um

O Pesadelo

Esta história é verídica e ocorreu nas dependências da Polícia Federal de São Paulo no ano de 1998.

Com tata impunidade que existe em nosso país, a tortura é considerada crime hediondo[2] pela legislação brasileira, "Crimes de Lesa-Humanidade[3]".

Como signatário das convenções internacionais[4], o Brasil poderia ser denunciado por descumprir a convenção que previne e pune a tortura, pelo simples fato de nossas autoridades empregarem muito pouco os instrumentos legais para coibir[5] esse crime bárbaro.

Desde julho de 1997 está em vigor a Lei que tipifica o crime de tortura e estabelece punição para os que a praticam. Ela prevê, por exemplo, o afastamento e prisão do policial que tortura alguém, mas raras sãos as vezes em que é aplicada.

O sistema atual estimula a tortura. É preciso estabelecer um pacto ético para que se possa bani-la do nosso país. Esse assunto deve ser revisto a fim de impedir que autoridades que praticam esse crime não fiquem impunes.

Crime do qual, desde que fui vítima, passei a viver um processo de reflexão e angústia interiores sem fim.

Parece que voltamos aos velhos tempos da repressão e ditadura, que eu acreditava estivessem sepultados, onde pessoas de bons costumes e *acima de qualquer suspeita*[6] eram violentamente retiradas de seus lares e submetidas às sevícias[7] oficiais, até que os responsáveis por tais práticas conseguissem seus intuitos.

Digo-lhes isso porque, neste último ano, tenho vivido esses tempos obscuros, pois neste exato momento, um cidadão *acima de qualquer suspeita* padece dos tormentos e horrores causados pela tortura nos escuros corredores da Casa de Detenção[8].

Estamos na Cidade de Diadema, onde um pacato cidadão, do qual vamos narrar a história verídica, hoje é conhecido no presídio por Carlão.

Brasileiro, nascido na Cidade Maravilhosa, Carlão acreditava que a capital paulista de Diadema era o local perfeito para formar sua família e dar um futuro melhor a seus filhos. No entanto, o destino reservava-lhe uma realidade muito mais sinistra.

Era o dia 28 de julho de 1998, aproximadamente às dez e meia da noite num dia normal de trabalho na pizzaria de minha propriedade. Eu e meu funcionário desembarcamos em frente à residência quando fomos violentamente abordados por vários homens fortemente armados que desembarcaram de um automóvel GOL com placa da cidade de Santos, placa que, muito posteriormente, eu viria a saber ser 'fria'.

Sem que houvesse qualquer identificação, subjugaram-nos e nos atiraram no interior do GOL, onde um desespero sem precedentes tomou conta do meu ser, pois não sabia se estávamos sendo sequestrados, roubados ou submetidos a algum tipo de vingança contra mim.

Pois eu vendia pizzas muito bem na região, e o número de concorrentes era muito grande. A verdade é que nada me diziam, e ao sairmos de minha região, percebi que outro veículo, com quatro ocupantes em seu interior, nos seguiam. Sim, tínhamos uma escolta. Foi quando dois indivíduos começaram a gritar várias coisas desconexas, tais como:

- Nós queremos uma carga que é propriedade de um policial!

Eu não fazia a mínima ideia do que poderia ser aquilo, ficando cada vez mais apavorado, temendo uma execução por motivos ainda ignorados. Pois eles não se identificavam e falavam entre si em códigos.

Notei então que chegávamos próximo à praça das bandeiras quando, abruptamente, estacionaram os veículos como se já estivessem perto de seu destino. O motorista pegou um telefone celular, discou para alguém, que atendeu, e falou:

- Alô? Sou eu! Deu tudo certo, apenas um contratempo, um 'bico'[2] que estava no interior de um veículo, um morador no edifício vizinho. Ele viu quando os pegamos, por isso não pudemos prosseguir com o plano original. O que faremos?

Um comando foi dado, iniciando uma nova trajetória. Mas antes que os veículos se colocassem em movimento, nossas cabeças foram cobertas com saco plástico de lixo preto, para que não pudéssemos ver para onde seríamos levados.

Tive certeza, então, de que aquilo realmente era um sequestro.

Andamos por mais algum tempo naquele veículo, então senti que diminuía a velocidade e se posicionava de forma a entrar numa garagem. E foi exatamente o que aconteceu. Descíamos uma espécie de subsolo, sempre naquele clima mórbido e enigmático.

Tentei por todos os meios manter um diálogo com aqueles indivíduos, porém nada consegui deles a não ser coronhadas e socos gratuitamente.

Recebemos, então, ordem para descermos do veículo, e apesar de minha estrutura física avantajada, senti minhas pernas tremerem tanto que achava que não conseguiria ficar em pé.

Ainda assim, obedeci, e entre empurrões e pontapés, fomos levados à espera da experiência mais macabra de toda a minha vida.

Não consegui imaginar quantos andares subimos, mas quando paramos, fomos arrancados como carga desprezível e conduzidos a uma sala, onde, a partir daquele momento, nos separaram com destinos ignorados. Quanto a mim, fui algemado e colocado numa cadeira ainda com a cabeça coberta.

E ali, diante de tal situação, tentava descobrir o que poderia ser aquilo tudo, parecido com um roteiro de filmes tipo CIA e KGB, um pesadelo sem fim.

Entrei em pânico e tentei mais uma vez dialogar com meus inquisidores, quando ouvi a seguinte frase:

- Muito bem, agora somos somente nós... agora você vai me dizer o que quero saber, não vai?

Atônito, indaguei se aquilo era um sequestro, e a resposta que ouvi, foi:

- Eu quero a repercussão... eu quero a repercussão...

Isso recheado de socos e pontapés de pelo menos oito homens.

Ali sentado, naquela pequena sala, algemado e com a cabeça coberta quase a ponto de asfixiar-me.

Totalmente perdido em meio aos gritos, cobravam-me uma resposta sem nexo.

Começaram, então, a preparar uma maquiavélica montagem, fixando em meu corpo um microfone, e à minha frente um suporte. Sobre o suporte, havia um cartaz, tendo como fundo o nome Polícia Federal. Parecia mais um evento de telejornalismo, no qual passaram a me instruir sobre o que ler, passando a escrever nesse cartaz a seguinte narrativa:

- Que o Delegado "C" havia contratado o "G" para uma empreitada para eliminar um colega; que o "G" havia contratado a mim e ao "J" para esse serviço; que o "G" me daria um carro e armas para executar seu colega. Porém, sem jamais dizerem ou escreverem o nome desse colega.

Imaginem a cena... eu, sozinho nessa sala, com vários delegados e agentes federais, tendo que fazer o que queriam, pois se não o fizesse, seria cruelmente torturado.

Eu sabia, com absoluta certeza, que não aguentaria mais uma seção de sevícias.

Começaram, então, a fazer constantes ameaças contra minha família, caso eu não cooperasse. Diziam que meus familiares iriam pagar, usando uma técnica de tortura psicológica bem no estilo DOI-CODI[10].

Por isso, com medo de morrer, e pensando em minha família, que a essa altura deveria estar apavorada, fiz o que me mandavam.

Quando a seção[11] terminou, os delegados "T", "S", "L" e "M" levaram-me para outra sala. À minha espera encontrava-se um escrivão que queria que eu confessasse uma morte, à qual eu não havia feito e nem teria motivos para tal. Diante de minha recusa, surraram-me quase até a morte.

Decidiram, então, preparar um depoimento onde eu era apenas um mero espectador, pois eu nada podia falar. O escrivão não parava de escrever as frases ditadas pelo delegado "S".

Entre um momento e outro, com muito receito, eu pedia ao delegado que ligasse para minha casa, para que alguém soubesse o que estava acontecendo comigo. E o delegado ironicamente dizia:

- Aqui o seu advogado sou eu! Por isso cale a boca e diga somente o que eu quero ouvir...

Após algum tempo, e durante a elaboração do meu suposto depoimento, alguns delegados discutiam entre si, decidindo o conteúdo do documento, mas nunca diziam o nome do delegado assassinado.

Quando terminaram de ditar o depoimento, o delegado "S" disse a mim:

- Carlinhos, agora assine estas folhas. Nem precisa ler. É só assiná-las...

Diante de tamanha loucura, categoricamente neguei-me a assinar. Foi quando ele me disse que caso eu não assinasse, seria muito fácil, pois naquela sala estavam presentes as testemunhas dos meus depoimentos, e assim seria o meu fim. E para eu ter uma ideia do que me esperava, caso eu não assinasse, deram-me vários choques elétricos.

Assinei todas as folhas, pois estava com muito medo de morrer. E por conta disso, iniciou-se o meu calvário, pois nada mais nada menos, imputaram-me o assassinato de um Delegado Federal.

Houve ainda uma nova seção de horrores. Fui conduzido e acondicionado numa jaula parecida com um armário, mas sem gavetas, exatamente do meu tamanho. Ainda algemado, e sem poder olhar para trás, fiquei à espera de algum novo golpe.

Após algum tempo, fui retirado daquele invólucro, pensando que iria levar mais uma série de golpes. Mas para minha alegria, finalmente um amigo e advogado, graças a DEUS, conseguira me localizar.

Faço questão de dizer seu nome, Dr. Ricardo Renê Ribeiro. Somente então localizei-me no tempo e espaço. Tive notícias de minha família, que horas eram e em que dia estávamos.

O Dr. Ricardo disse-me que tentaria livrar-me daquela fantasiosa situação, mas achava ser muito difícil, pois o delegado, no ímpeto de apresentar um culpado da morte de um colega morto, elaborara, com muita cautela, o referido B.O[12].

Fui preso pelos agente da Polícia Federal, que sem mandato de prisão, feriram meus direitos constitucionais. Porém nunca admiti ou confessei tal delito, pois diante de tantas torturas, eu assinaria quaisquer documentos, até mesmo uma confissão de que eu teria executado NAPOLEÃO BONAPARTE, tal era minha condição física, pois pensei que melhor seria acreditar na Justiça Brasileira do que morrer naquelas condições.

Na revista ISTO É de número 1512 do dia 23 de setembro de 1998, o Dr. "S" divulgou uma matéria sem fundamento e sem sentido, recheada de inverdades, de que a minha prisão ocorrera da forma citada por ele na reportagem. Nem o FBI conseguiria realizar a prisão que foi divulgada na matéria, onde a imprensa, sem conhecimento jurídico, é capaz de destruir qualquer cidadão, jogando-o na lama, denegrindo-o, acabando com uma vida de uma hora para outra, transformando minha vida num verdadeiro inferno.

Tudo foi um conjunto de arbitrariedades como o inquérito formalizado pelo Dr. "S", tudo conduzido por ele, puro corporativismo, recheado de vícios policiais.

"O Senhor é a minha rocha,
a minha fortaleza e o meu libertador;
o meu Deus é a minha rocha,
em que me refugio; o meu escudo
e o meu poderoso salvador.
Ele é a minha torre alta, o meu abrigo seguro.
És o meu salvador, que me salva dos violentos.
Clamo ao Senhor, que é digno de louvor,
e sou salvo dos meus inimigos.
"As ondas da morte me cercaram;
as torrentes da destruição me aterrorizaram.
As cordas da sepultura me envolveram;
as armadilhas da morte me confrontaram.
Na minha angústia, clamei ao Senhor;
clamei ao meu Deus.
Do seu templo ele ouviu a minha voz;
o meu grito de socorro chegou aos seus ouvidos".

2 Samuel 22:2-7

Parte Dois

O Despertar

Passei a noite do dia 3 para 4 de agosto acordado, totalmente insone e preocupado com o que seria de mim.

O delegado "S" foi até a carceragem da Polícia Federal, localizada na rua Piauí, para passar instruções de tudo o que deveria ser feito, como ele havia pedido. A reconstituição do homicídio do delegado morto, na porta de sua residência, fora marcada para 4 de agosto de 1998.

Os delegados "S", "T", "L" e "M", com grande aparato montado, mobilizaram as polícias civis e militares, mais parecendo uma operação de guerra.

Diante de nova loucura, categoricamente neguei-me a fazer a reconstituição.

Quando a viatura parou na porta do delegado assassinado, os delegados "S" e "T" abriram a porta da viatura, onde pude visualizar uma grande multidão com repórteres por todos os lados.

Algemaram-me ao braço de um agente federal e conduziram-me para a outra viatura. Dela tiraram "J", meu funcionário na pizzaria e que fora preso junto comigo naquele dia. Ele fez a reconstituição completa do crime e disse que eu não estava com ele no dia do crime, e sim um policial chamado "B".

Ele falou isso sem qualquer coação. Mas para o delegado "S", aquele momento era só mais uma tentativa de retomar assuntos para me produzir como culpado, fazendo acusações infundadas e levianas. Prometeu que eu iria pagar muito caro.

Nesse mesmo dia, por volta das onze e meia da noite, um veículo GOL estacionou na porta do meu estabelecimento comercial, e sem posse de mandato judicial ou intimação, chamaram a minha esposa e disseram que ela deveria acompanha-los até a Política Federal a fim de prestar esclarecimento do meu envolvimento nesse assassinato. Caso não fosse, complicaria ainda mais a minha situação.

Como simples dona de casa que era e sem qualquer conhecimento jurídico, Conceição entrou no carro e foi levada à Sede Federal. Durante todo o percurso, fizeram perguntas tolas e sem fundamento para com o caso. O delegado "S" começava a cumprir o que horas antes havia me prometido.

Ele, só ele, fazia o que bem queria, formulando perguntas e respostas para que tudo pudesse complicar-me perante a justiça. A própria testemunha ocular, a esposa do delegado assassinado, não me reconheceu como sendo um dos integrantes do dia do crime. Mas o delegado "S" continuou a formular um questionário folclórico para obter êxito.

Uma cliente de minha Pizzaria, que era advogada, de quem também faço questão de citar o nome, Dra. MACENA, chegou ao balcão, e minha família contou o que estava acontecendo.

Imediatamente ela telefonou para a Polícia Federal pedindo para falar com o delegado "S", para dizer-lhe que o que estava fazendo era errado, pedindo-lhe que soltasse minha esposa o mais rápido possível.

Mas ele continuou com os mesmos vícios e hábitos, formalizando o questionário de forma comprometedora para que viesse a complicar-me dentro do inquérito, da mesma forma como me havia complicado quando fui preso.

Quando já passava da meia-noite, o delegado "S" pediu para que Conceição assinasse o folclórico depoimento, dizendo:

- Pronto! A senhora cooperou bastante com a Polícia Federal, depois de tudo assinado poderá ir embora.

Do dia 04 de agosto ao dia 11 só fui saber o que havia ocorrido com minha esposa quando cheguei na Casa de Detenção.

Quando descemos no interior do presídio no local denominado por Divinéia [13], onde todos os presos que chegam e saem passam por esse local, um agente federal falou alto, claro e em bom tom que aquele preso de óculos (referindo-se a mim), era um ganso[14] da Federal, tornando minha situação ainda mais grave.

Fui conduzido por agentes penitenciários para o setor de Controle Geral a fim de fazerem minha inclusão, onde eu parecia mais um gatinho em meio a leões.

Foi uma verdadeira confusão. Os funcionários não sabiam o que exatamente fazer comigo, se me levavam para a inclusão ou para o 'amarelo'[15], pois ganso é sinônimo de cagueta[16].

De uma hora para outra, aquele lugar imenso ficava muito pequeno para mim.

Eu não tinha como sair daquela situação embaraçosa e bastante complicada.

Aos poucos fui explicando a verdade dos fatos, e foi como consegui sair ileso perante a massa carcerária.

No meu entender, fora uma atitude bastante leviana com a única finalidade de que eu fosse eliminado logo de cara nesse lugar. Mas pela graça de DEUS, mais uma vez consegui me explicar, e hoje narro esta história.

Minha caminhada dentro do presídio foi muito difícil, pois fui 'pago'[17] no pavilhão 09, hoje chamado de Núcleo de Segurança VII, onde fiquei trancado na triagem[18] durante quatro dias com aproximadamente quarenta presos, numa cela com capacidade para dez, sem luz, sem água e com esgoto entupido, uma sujeira só.

Passei os piores dias da minha vida ao chegar a esse lugar horrível e tenebroso, lugar onde ser humano nenhum deveria habitar.

Tudo muito complicado, e eu em pânico perante a situação em que me encontrava. Eu pensava na minha família e em tudo o que estava acontecendo comigo, tudo promovido e produzido pelo delegado "S" e sua cúpula.

Espero que tudo seja favorável à minha causa e que as injustiças cometidas nas dependências da Polícia Federal tenham um fim.

No próprio meio jurídico existem aqueles que acreditam que alguns estão jogando mais para a torcida; não é a regra, mas existem promotores que atuaram de maneira açodada, ultrapassando os limites, às vezes cometendo exageros, enxergando imoralidade aonde não existe.

Mas para essas exceções existem os tribunais, para os corrigir.

Hoje vegeto neste sepulcro, situação em que fui colocado por opção da Polícia Federal em resposta à sociedade, tal qual o caso do BAR BODEGA[19].

A sociedade se recorda, com certeza, das injustiças e atrocidades a que aqueles inocentes foram subjugados e cruelmente torturados para que, no final, fossem declarados inocentes. O mal que ficará em suas mentes jamais será apagado, porém a sociedade os esquecerá, restando-lhes apenas o sofrimento enquanto viverem.

Podemos também falar da mais recente injustiça que ocorreu no Nordeste Brasileiro, onde um cidadão foi acusado de assassinar um policial e posteriormente declarado inocente, e não satisfeitos com o resultado, os mesmos policiais que o apresentaram à justiça, alegando ser o verdadeiro culpado do crime, executaram-no, escondendo-se atrás do corporativismo da classe.

O que mais quero, neste mundo, é não me tornar mais um brasileiro a ser recordado como nos casos acima citados. Tudo que peço é que DEUS ilumine os Juízes Federais e Promotores de Justiça de forma singular, para que, assim, meu sofrimento tenha um término e para que eu possa voltar a equalizar minha família, trilhando o caminho que sempre percorri, ou seja, o da honestidade e objetividade com vistas a um futuro melhor para mim e meus descendentes.

Hoje trabalho de forma responsável para preencher meu tempo e minha mente na SALA DA CHEFIA DOS RONDANTES DE PLANTÃO, onde gozo do respeito e da confiabilidade dos Agentes Penitenciários que exercem suas funções nesse setor.

PODER JUDICIÁRIO
JUSTIÇA FEDERAL

1ª VARA FEDERAL CRIMINAL, DO JÚRI E DAS EXECUÇÕES PENAIS DA 1ª SUBSEÇÃO
JUDICIÁRIA DE SÃO PAULO
Alameda Ministro Rocha Azevedo, nº 25, 1º andar, Cerqueira César,
São Paulo/SP, CEP 01410-001, Telefone: 2172-6661/6681/6691, Fax: 2172-6601

C E R T I D Ã O

BELª. TÂNIA ARANZANA MELO, DIRETORA DE
SECRETARIA DA 1ª VARA FEDERAL CRIMINAL, DO JÚRI
E DAS EXECUÇÕES PENAIS DA 1ª SUBSEÇÃO
JUDICIÁRIA DE SÃO PAULO,

C E R T I F I C A, em atenção a pedido de pessoa
interessada, que, revendo em Secretaria a seu cargo, verificou constar as anotações constantes
do sistema de consulta processual, no sentido de que aqui tramitaram os autos da **Ação Penal nº.**
0005512-26.2000.403.6181, antigo nº. 2000.61.81.005512-1, desmembrada dos autos da Ação
Penal nº 2001.03.99.061072-1 (nº antigo 98.0103484-0 — Inquérito Policial nº 2-1036/98-
DELEFAZ/DREX/SR/DPF/SP/SR/DPF/SP), distribuída a esta Vara em 25/08/2000, que a Justiça
Pública moveu em face de **CARLOS ALBERTO DA SILVA GOMES**, brasileiro, natural de São
Gonçalo/RJ, nascido aos 15/01/1959, RG n.º 11.312.959 e CPF n.º 920.966.118-49, filho de
Valter Barbosa Gomes e Sebastiana da Silva Gomes. CERTIFICA mais que o acusado foi
pronunciado como incurso no artigo 121, § 2º, incisos I e IV, c.c. artigo 29, do Código Penal e com
o artigo 1º, inciso I, da Lei nº 8.072/90 e, após ser submetido a julgamento pelo Tribunal do Júri,
pela terceira vez, foi absolvido da imputação que lhe foi feita, com fundamento no artigo 386,
inciso VI, do Código de Processo Penal, em sentença prolatada aos 29/11/2006. CERTIFICA, por
fim, que os autos encontram-se arquivados desde 18/06/2007. **NADA MAIS**. Dada e passada
nesta cidade São Paulo, em 14 de dezembro de 2012.

TÂNIA ARANZANA MELO
Diretora de Secretaria

À União: R$8,00

Parte Três

O Julgamento e a Absolvição

Eu sou a mãe do Carlos, Sebastiana. Este capítulo nunca foi escrito na primeira edição do livro 'Letras de Liberdade'. Também não será terminado neste *eBook*, e sim na continuação, no Livro Dois.

Mas quero deixar aqui uma resposta, o porquê de tanta demora da justiça dos homens acontecer na vida do Carlos, ou melhor nas nossas vidas.

Quando enxergamos os problemas maiores do que Deus, a justiça dos homens não funciona, pois Deus, Nosso Pai Eterno, tem um propósito para tudo. E quando esperamos a justiça dos homens, sofremos.

O que eu quero dizer é que Deus nos deu um cérebro e um coração, e quando dependemos apenas deles , nós sofremos.

Mas quando partimos para agir a fé sobrenatural, Deus reage diante de qualquer situação humana de vergonha e nos dá a resposta com honra.

Muitas pessoas oravam pela situação do meu filho Carlinhos, eu já agradeci a todos que nos ajudaram nessa caminhada. Até esse momento, eu, Sebastiana, não ía à igreja. Mas quando passei a agir a minha fé, como manda a Palavra, como está escrito na Bíblia, então Deus começou a tornar possível o impossível.

Eu passei a desafiar, a andar de joelhos diante de Deus Todo Poderoso, e a pedir perdão por não servi-Lo de fato e de verdade. Passei a perdoar os nossos algozes, pois eu comecei a compreender a mensagem do evangelho.

Afinal, Pedro em conversa com o Senhor Jesus, perguntou-lhe: "Mestre, quantas vezes eu devo perdoar meu irmão? Uma vez? Sete Vezes?"

E o grandioso mestre respondeu: "Não, Pedro, perdoe setenta vezes sete vezes. E se teu irmão te bater na tua face, dê-lhe a outra".

Digo que isso é muito difícil de obedecer. Eu levei mais de três anos para entender essa orientação de Jesus. Eu andava segundo minhas emoções, desejando resolver os problemas na força do meu braço. Eu estava cega para essa importante e fundamental lição, que quando o coração está cheio das coisas do homem, as virtudes de Deus não conseguem entrar.

Eu fazia apenas as obras, achava que sacrificava e não agia a minha fé, porque a Palavra de Deus não fazia sentido. Mas quando finalmente fui confrontada pelo pastor, que me pregou a verdade, dizendo que sem o perdão eu não conseguiria nada de Deus, então me humilhei diante do senhor "J", e o perdoei. E quando o perdoei, tudo o que eu tinha feito no altar de Deus começou a funcionar.

Daí em diante, as orações, os desafios, os propósitos e até as lágrimas passaram a ter luz. E veio o "Primeiro Júri". E o Segundo e o Terceiro (contaremos sobre isso no próximo livro).

Passamos então a ser vigilantes. Passei a servir a Deus de verdade.

Hoje eu vivo de fé em fé. Como Jesus disse, "o meu justo vive pela fé".

Hoje sirvo com pureza de alma, pois durante os anos do acontecimento, poderia parecer aos outros que eu tinha tudo isso, mas na verdade eu tinha muita mágoa e vergonha pelo que eu e meus familiares passávamos, além de toda a humilhação ao chegar no presídio, e ainda mais, todo o desprezo de amigos e vizinhos, que viraram as costas para nós.

Muito ainda não se consertou até a presente data. Não por nossa causa, ou porque Deus esteja inativo, mas porque corações de terceiros precisam ser convertidos. E é para isto que este livro veio a existir.

Para tocar almas, corações e espíritos ainda

adormecidos. Para celebrar e selar a aliança de minha casa com o Senhor.

Hoje não vivo mais preocupada com o pecar ou não pecar. Preocupo-me em obedecer à Palavra de Deus, em seguir nos passos de Jesus. É isso o que nos leva para longe do pecado. Hoje, preocupo-me com a santificação. Porque como explica o apóstolo Paulo, "sem santificação, ninguém verá o Senhor."

Deus, na sua infinita misericórdia, julgará todos os homens, do maior ao menor.

"Pois Deus trará a julgamento
tudo o que foi feito,
inclusive tudo o que está escondido,
seja bom, seja mau"

Eclesiastes 12:14

"Pois todos nós devemos comparecer
perante o tribunal de Cristo,
para que cada um receba de
acordo com as obras praticadas
por meio do corpo, quer sejam
boas quer sejam más"

2 Coríntios 5:10

21 Anos Depois

Considerações

Aos queridos familiares, conhecidos e amigos.

Muitos devem estar curiosos, desejando entender quais os motivos que me levaram a renovar este livro. É que na época em que escrevi a primeira publicação com os outros detentos, eu estava em um Egito muito dolorido, sem perspectiva de vida, sem horizonte, no fundo do poço.

A família, que já era pequena, se afastou. Os amigos que eram poucos, desapareceram. Fiquei só, como aquele povo do passado. Não tinha ânimo de recomeçar nada nem de dar continuidade ao livro. Eu recebia críticas e acusações. Minha mãe, esposa e filhos eram hostilizados, humilhados em público.

Hoje não vivo mais no Egito. Mas não tem sido fácil. Hoje tenho mãe, esposa, filhos, netos, irmãos, todos de volta. Já se passaram 21 anos do ocorrido, e compreendi que preciso edificar os muros que foram destruídos. Preciso edificar a segunda casa, para que nunca mais ela seja derrubada. Não a casa de moradia, mas a da minha alma. Preciso lavar a minha alma, deixar minhas lutas e dores no passado. Preciso reconstruir a minha nova vida, que não é o meu trabalho e nem a casa de tijolos. Preciso reconstruir meu corpo, minha alma e meu espírito, fazer tudo novo, sem ruptura.

Pois o passado me levou a conhecer a Deus e até a perdoar quem me fez tanto mal e mal ao meu corpo. Hoje me encontro com 62 anos, com problemas cardíacos, problemas prostáticos e problemas auditivos.

Mas como diz o Senhor dos Exércitos: o homem vem do pó e ao pó voltará.

Estou em tratamento, estou reconstruindo os meus muros, ou seja, meu corpo, meu coração, meu rim, próstata a duras penas. Mas minha alma está lavada, porque provei a todos que diante do meu Deus, não fiz mal a ninguém.

À meus familiares, mãe, esposa, filhos, netos e amigos, digo obrigado por confiarem em mim. E agradeço a Deus todo poderoso, a Jesus e ao Espírito Santo Consolador que protegeram a minha casa nova e me ensinaram a perdoar e a amar.

Fica aqui meu exemplo.

Obrigado a todos, que Deus os abençoe!

Como é feliz quem teme ao Senhor, quem anda em seus caminhos! Você comerá do fruto do seu trabalho, e será feliz e próspero. Sua mulher será como videira frutífera em sua casa; seus filhos serão como brotos de oliveira ao redor da sua mesa. Assim será abençoado o homem que teme ao Senhor! Que o Senhor o abençoe desde Sião, para que você veja a prosperidade de Jerusalém todos os dias da sua vida,

e veja os filhos dos seus filhos. Haja paz em Israel!

Salmos 128

Gerações

Nada mais apropriado que
o que ontem foi minha vergonha,
torne-se hoje minha vitória. Para a Glória de Jesus!

Carlos Alberto - 2022

HOJE
(no mesmo local)

**Biblioteca de São Paulo
sou escritor**

**Parque da Juventude
sou livre**

ONTEM
(no mesmo local)

Carandirú
era prisioneiro, torturado, injustiçado

E Deus limpará de seus olhos toda a lágrima;
e não haverá mais morte, nem pranto,
nem clamor, nem dor;
porque já as primeiras coisas são passadas.
E o que estava assentado sobre o trono disse:
Eis que faço novas todas as coisas.
E disse-me: Escreve; porque estas palavras
são verdadeiras e fiéis.
E disse-me mais:
Está cumprido. Eu sou o Alfa e o Ômega,
o princípio e o fim.
A quem quer que tiver sede, de graça lhe darei
da fonte da água da vida.
Quem vencer, herdará todas as coisas;
e eu serei seu Deus, e ele será meu filho."

Apocalipse 21:4-7

Glossário

[1] Vilipendiar – tratar como indigno, sem valor; rebaixar; tratar como vil, com desprezo; aviltar; tratar como desprezível, reles, ordinário.

[2] Crime Hediondo – considerado crime que causa profunda e consensual repugnância por ofender, de forma acentuadamente grave, valores morais de indiscutível legitimidade.

[3] Lesa-Humanidade – o mesmo que crime contra a Humanidade.

[4] Convenções Internacionais – acordos assinados entre países que visam, em princípio, a prossecução de interesses comuns e produzem efeitos jurídicos entre as partes contratantes.

[5] Coibir – fazer cessar; impedir que continue; refrear, reprimir, tolher, impedir.

[6] Acima de qualquer suspeita – inocente, inculpável.

[7] Sevícia – maus-tratos, martírio, flagelo, suplício, mortificação, tormento, tortura.

[8] Casa de Detenção – popularmente conhecida como Carandiru

[9] Bico – gíria usada pela polícia e bandidos que significa 'qualquer pessoa do povo'.

[10] DOI-CODI – Destacamento de Operações de Informação - Centro de Operações de Defesa Interna, foi um órgão subordinado ao Exército, de inteligência e repressão do governo brasileiro durante a ditadura que se seguiu ao golpe militar de 1964.

[11] Seção – foi usada para expressar sequências de socos e pontapés consecutivos.

[12] B.O. – boletim de ocorrências policiais.

[13] Divinéia – foi o nome dado a uma antiga estação de bonde local e espaço no interior do presídio para carga e descarga de materiais, embarque e desembarque de presos.

[14] Ganso – gíria usada pela Polícia que significa informante, delator.

[15] Amarelo – nome dado ao local onde os presos jurados de morte são alojados (seguro), no qual os presos que lá se encontram recebem duas horas de banho de sol uma vez por semana, onde em virtude dessa realidade, ficam com a pele amarelada.

[16] Cagueta – dedo-duro, delator.

[17] Pago – gíria usada por presos que significa distribuído.

[18] Triagem – local destinado aos presos que chegam no presídio para aguardarem até serem distribuídos em celas.

[19]Bar Bodega – ou crime do bar Bodega foi um roubo seguido de morte que ocorreu no dia 10 de agosto de 1996, em São Paulo. A investigação do caso tornou-se um "dos maiores erros policiais" do Brasil.

Bibliografia

NAÇÕES UNIDAS BRASIL. brasil.un.org. **ONU destaca necessidade de apoio e garantia de proteção às vítimas da Tortura**. Brasília: Casa ONU Brasil, 2021. Centro de Imprensa - Notícias. Disponível em: https://brasil.un.org/pt-br/133473-onu-destaca-necessidade-de-apoio-e-garantia-de-protecao-vitimas-da-tortura. Acesso em: 15 dez. 2021.

GOVERNO FEDERAL. planalto.gov.br. **LEI Nº 9.455, DE 7 DE ABRIL DE 1997**. Brasília: Presidência da República Casa Civil, 1997. Subchefia para Assuntos Jurídicos. Disponível em: http://www.planalto.gov.br/ccivil_03/leis/l9455.htm. Acesso em: 15 dez. 2021.

GOVERNO FEDERAL. gov.br. **Dia Internacional de Apoio às Vítimas de Tortura é marcado por ações de conscientização**. Brasília: Ministério da Mulher, da Família e dos Direitos Humanos, 2016. Todas as Notícias . Disponível em: https://www.gov.br/mdh/pt-br/assuntos/noticias/2020-2/junho/dia-internacional-de-apoio-as-vitimas-de-tortura-e-marcado-por-acoes-de-conscientizacao. Acesso em: 15 dez. 2021.

MINISTÉRIO DA SAÚDE. bvsms.saude.gov.br. 26/6 – **Dia Internacional de Apoio às Vítimas da Tortura**. [S.I.]. Biblioteca Virtual e Saúde, 2016. Disponível em: https://bvsms.saude.gov.br/26-6-dia-internacional-de-apoio-as-vitimas-da-tortura/. Acesso em: 15 dez. 2021.

DEFENSORIA PÚBLICA DO ESTADO DE SÃO PAULO. facebook.com/DefensoriaPublicaSP. **Dia Internacional de Apoio às Vítimas de Tortura.** São Paulo/SP: Defensoria Pública de São Paulo, 2016. Disponível em: https://www.facebook.com/DefensoriaPublicaSP/posts/1080391605364707. Acesso em: 14 dez. 2021.

PROCURADORIA GERAL DO ESTADO. pge.sp.gov.br. **Convenção contra a Tortura e outros tratamentos ou penas cruéis, desumanos ou degradantes** (1984)*. São Paulo: Tratado Internacional - PGE, 1984. Centro de Estudos - Biblioteca Virtual. Disponível em: http://www.pge.sp.gov.br/centrodeestudos/bibliotecavirtual/instrumentos/degrdant.ht m. Acesso em: 15 dez. 2021.

PROCURADORIA GERAL DO ESTADO. pge.sp.gov.br. **Direitos & Deveres dos Presos.** São Paulo: Direitos em Geral - PGE, 1999. Centro de Estudos - Biblioteca Virtual. Disponível em: http://www.pge.sp.gov.br/centrodeestudos/bibliotecavirtual/presos/parte1.htm. Acesso em: 16 dez. 2021.

OEA - MAIS DIREITOS PARA MAIS PESSOAS. www.oas.org. **Convenção Interamericana para prevenir e punir a Tortura.** Brasília: CIDH - Comissão Interamericana de Direitos Humanos , 1985. Mandato e Funções» Documentos Básicos. Disponível em: https://www.oas.org/pt/cidh/mandato/Basicos/tortura.asp. Acesso em: 17 dez. 2021.

MINISTÉRIO PÚBLICO DO ESTADO DO CEARÁ. tmp.mpce.mp.br. **Termos e gírias utilizados por detentos.** Ceará: CAOCRIM, 2013. Legislação - Grupo Gestor de Unidades. Disponível em: http://tmp.mpce.mp.br/orgaos/CAOCRIM/legislacao/grupogestordeunidades/girias_d etentos.pdf. Acesso em: 17 dez. 2021.

CONSELHO FEDERAL DE PSICOLOGIA. site.cfp.org.br. **26 de junho: Dia Internacional de Apoio às vítimas da Tortura**. Brasília: CFP, 2016. Notícias. Disponível em: https://site.cfp.org.br/26-de-junho-dia-internacional-de-apoio-as-vitimas-da-tortura/. Acesso em: 15 dez. 2021.

CONSELHO REGIONAL DE PSICOLOGIA SP. www.crpsp.org. **26 de Junho - Dia Internacional de Apoio às Vítimas de Tortura**. São Paulo/SP: CRPSP, 2016. Notícia. Disponível em: https://www.crpsp.org/noticia/view/2746/26-de-junho-dia-internacional-de-apoio-as-vitimas-de-tortura. Acesso em: 16 dez. 2021.

BIBLIOTECA VIRTUAL EM SAÚDE. bvsalud.org. **Dia Internacional de Apoio às Vítimas da Tortura**. 2016. Brasília: LIS Localizador de Informações em Saúde, 2016. Disponível em: https://bvsalud.org/portal-lis/2016/06/02/dia-internacional-de-apoio-as-vitimas-da-tortura-2016/. Acesso em: 15 dez. 2021.

THE OFFICE OF THE UNITED NATIONS HIGH COMMISSIONER FOR HUMAN RIGHTS. https://www.ohchr.org. **The United Nations Voluntary Fund for Victims of Torture**. Geneva, Switzerland: OHCHR, 2021. Disponível em: https://www.ohchr.org/EN/Issues/Torture/UNVFT/Pages/Index.aspx. Acesso em: 15 dez. 2021.

JAQUELINE GERÔNIMO DE AMORIM ANDRADE. jus.com.br. **Crime de tortura: tipificação no ordenamento jurídico brasileiro**. [S.l.]. Jus Navigandi - Tudo de Direito e Justiça, 2013. Artigos. Disponível em: https://jus.com.br/artigos/26019/crime-de-tortura-tipificacao-no-ordenamento-juridico-brasileiro. Acesso em: 15 dez. 2021.

LARISSA BORTONI E MAURÍCIO RIBEIRO DE SANTI. www12.senado.leg.br. **Lei da Tortura completa 20 anos, mas ainda há relatos do crime no país**. Fonte: Agência Senado. Brasília: Senado Notícias, 2017. Especial Cidadania. Disponível em: https://www12.senado.leg.br/noticias/especiais/especial-cidadania/lei-da-tortura-completa-20-anos-mas-ainda-ha-relatos-do-crime. Acesso em: 17 dez. 2021.

MURAD, TATIANNA E VIANA, ISAC. jusbrasil.com.br. **A revista íntima em familiares de presos como agravante na redução de visitas**. [S.l.]. JUSBRASIL, 2016. Artigos. Disponível em: https://tatimurad.jusbrasil.com.br/artigos/268228341/a-revista-intima-em-familiares-de-presos-como-agravante-na-reducao-de-visitas. Acesso em: 16 dez. 2021.

EDNEY CIELICI DIAS. Acervo Digital - Folha de S.Paulo. **Detentos Traçam Radiografia do Inferno**. São Paulo/SP: Folha de S.Paulo, 2000. Cadernos Cotidiano e Esportes. Disponível em: https://acervo.folha.com.br/leitor.do?numero=14814&anchor=5947414&origem=busca &originURL=&pd=7896e76e8c7c5cd910bcbdbc21b9a79a. Acesso em: 14 dez. 2021.

TALES DOS SANTOS PINTO. mundoeducacao.uol.com.br. **Dia Internacional de Apoio às Vítimas de Tortura**. [S.l.]. UOL - Seu Universo Online, 2021. Mundo Educação - Datas Comemorativas. Disponível em: https://mundoeducacao.uol.com.br/datas-comemorativas/dia-internacional-apoio-as-vitimas-tortura.htm. Acesso em: 14 dez. 2021.

JULIANA CARPANEZ . noticias.uol.com.br. **"Somos consideradas cúmplices": como é a vida das mães de filhos presos ...** - Veja mais em https://noticias.uol.com.br/cotidiano/ultimas-noticias/2018/05/13/maes-de-presos.htm?cmpid=copiaecola. São Paulo: UOL - Seu Universo Online, 2018. Notícias - Cotidiano. Disponível em: https://noticias.uol.com.br/cotidiano/ultimas-noticias/2018/05/13/maes-de-presos.htm. Acesso em: 17 dez. 2021.

WAGNER ALBERTO GROSSO. acessajuventude.webnode.com.br. **História Penitenciária Carandirú**. São Paulo: Acessa SP, 2011. Disponível em: https://acessajuventude.webnode.com.br/historia-do-carandiru/. Acesso em: 1 fev. 2022.

AYMÊ BRITO. revistamarieclaire.globo.com. **A peregrinação de mães pra comprovar a inocência de filhos presos injustamente**. [S.l.]. Marie Claire - Mulheres do Mundo - Notícia, 2021. Revista AzMina. Disponível em: https://revistamarieclaire.globo.com/Mulheres-do-Mundo/noticia/2021/06/peregrinacao-de-maes-pra-comprovar-inocencia-de-filhos-presos-injustamente.html. Acesso em: 17 dez. 2021.

FLÁVIO BOECHAT ALBERNAZ. tede2.pucsp.br. **Os Tratados Internacionais Contra A Tortura e o Direito Penal Brasileiro**. São Paulo/SP: PUC - PONTIFÍCIA UNIVERSIDADE CATÓLICA DE SÃO PAULO SÃO PAULO, 2007. MESTRADO EM DIREITO. Disponível em: https://tede2.pucsp.br/bitstream/handle/7506/1/Flavio.pdf. Acesso em: 15 dez. 2021.

GIDE JOSÉ FERNANDES . fia.com.br. **Tratados Internacionais: O que são, Tipos e Como Funcionam**. [S.l.]. FIA - Fundação Instituto de Administração, 2019. Interesse Público. Disponível em: https://fia.com.br/blog/tratados-internacionais. Acesso em: 16 dez. 2021.

ALFREDO GUILLERMO MARTÍN. http://pepsic.bvsalud.org. **As seqüelas psicológicas da Tortura**. Brasília: P@PSIC - Periódico Eletrônico em Psicologia, 2005. Psicologia: ciência e profissão. Disponível em: http://pepsic.bvsalud.org/scielo.php?script=sci_arttext&pid=S1414-98932005000300008. Acesso em: 17 dez. 2021.

LUCAS CURADO. fatosdesconhecidos.com.br. **7 Torturas brasileiras mais dolorosas de todos os tempos**. [S.l.]. Fatos Desconhecidos - O site mais completo de curiosidades, 2017. Curiosidades - História. Disponível em: https://www.fatosdesconhecidos.com.br/7-torturas-brasileiras-mais-dolorosas-de-todos-os-tempos/. Acesso em: 17 dez. 2021.

LEI DOS CRIMES HEDIONDOS. In: WIKIPÉDIA, a enciclopédia livre. Flórida: Wikimedia Foundation, 2021. Disponível em: <https://pt.wikipedia.org/w/index.php?title=Lei_dos_Crimes_Hediondos&oldid=61103121>. Acesso em: 8 mai. 2021.

CRIME CONTRA A HUMANIDADE. In: WIKIPÉDIA, a enciclopédia livre. Flórida: Wikimedia Foundation, 2021. Disponível em: <https://pt.wikipedia.org/w/index.php?title=Crime_contra_a_humanidade&oldid=61233092>. Acesso em: 24 mai. 2021.

MONUMENTO TORTURA NUNCA MAIS. In: WIKIPÉDIA, a enciclopédia livre. Flórida: Wikimedia Foundation, 2021. Disponível em: <https://pt.wikipedia.org/w/index.php?title=Monumento_Tortura_Nunca_Mais&oldid=61333176>. Acesso em: 7 dez. 2021.

TORTURA. In: WIKIPÉDIA, a enciclopédia livre. Flórida: Wikimedia Foundation, 2021. Disponível em: <https://pt.wikipedia.org/w/index.php?title=Tortura&oldid=62683724>. Acesso em: 26 dez. 2021.

CASA DE DETENÇÃO DE SÃO PAULO. In: WIKIPÉDIA, a enciclopédia livre. Flórida: Wikimedia Foundation, 2022. Disponível em: <https://pt.wikipedia.org/w/index.php?title=Casa_de_Deten%C3%A7%C3%A3o_de_S%C3%A3o_Paulo&oldid=62840883>. Acesso em: 17 jan. 2022.

TORTURA NO BRASIL. In: WIKIPÉDIA, a enciclopédia livre. Flórida: Wikimedia Foundation, 2021. Disponível em: <https://pt.wikipedia.org/w/index.php?title=Tortura_no_Brasil&oldid=61113490>. Acesso em: 9 mai. 2021.

BIBLIOTECA DE SÃO PAULO. In: WIKIPÉDIA, a enciclopédia livre. Flórida: Wikimedia Foundation, 2019. Disponível em: <https://pt.wikipedia.org/w/index.php?title=Biblioteca_de_S%C3%A3o_Paulo&oldid=56 678223>. Acesso em: 9 nov. 2019.

PARQUE DA JUVENTUDE DOM PAULO EVARISTO ARNS. In: WIKIPÉDIA, a enciclopédia livre. Flórida: Wikimedia Foundation, 2019. Disponível em: <https://pt.wikipedia.org/w/index.php?title=Parque_da_Juventude_Dom_Paulo_Evarist o_Arns&oldid=55608911>. Acesso em: 29 jun. 2019.

DOI-CODI. In: WIKIPÉDIA, a enciclopédia livre. Flórida: Wikimedia Foundation, 2021. Disponível em: <https://pt.wikipedia.org/w/index.php?title=DOI-CODI&oldid=61951824>. Acesso em: 31 ago. 2021.

CASO BODEGA. In: WIKIPÉDIA, a enciclopédia livre. Flórida: Wikimedia Foundation, 2021. Disponível em: <https://pt.wikipedia.org/w/index.php?title=Caso_Bodega&oldid=62276543>. Acesso em: 20 out. 2021.

INSTRUMENTOS DE TORTURA. In: WIKIPÉDIA, a enciclopédia livre. Flórida: Wikimedia Foundation, 2021. Disponível em: <https://pt.wikipedia.org/wiki/Categoria:Instrumentos_de_tortura>. Acesso em: 20 dez. 2022.

*"Bem-aventurado o homem a
quem o Senhor não imputa maldade,
e em cujo espírito não há engano."*

Salmos, 32:2

Siga o Autor nas Redes Sociais

Livro Dois
(Lançamento)

O "Livro Dois" ainda está sendo escrito e não tem previsão para lançamento.

Mas será publicado pelos mesmos veículos e plataformas, pela mesma editora e mesmo colaborador.

Para acompanhar tudo sobre a novidade, siga-nos no Instagram.

@carlosalberto.dsg   @editora.itinerante   @aleria.grellet

A tortura

Made in the USA
Monee, IL
07 July 2026

56550073R00046